Carta
Manuscript Paper
No. 1

No. 1

Carta
Manuscript Paper
No. 1

No. 1

No. 1

No. 1

No. 1

Carta
Manuscript Paper

Carta
Manuscript Paper
No. 1

No. 1

No. 1

No. 1

Carta
Manuscript Paper

Carta
Manuscript Paper
No. 1

Carta
Manuscript Paper No. 1

Carta
Manuscript Paper

No. 1

No. 1

No. 1

No. 1

No. 1

Carta
Manuscript Paper

No. 1

No. 1

Carta™
Manuscript Paper
No. 1

No. 1

No. 1

Carta
Manuscript Paper

Carta
Manuscript Paper

No. 1

Carta™
Manuscript Paper
No. 1

Carta
Manuscript Paper
No. 1

No. 1

No. 1

Carta
Manuscript Paper
No. 1

No. 1

No. 1

Carta
Manuscript Paper
No. 1

Carta
Manuscript Paper

Carta
Manuscript Paper
No. 1

Carta
Manuscript Paper
No. 1

Carta
Manuscript Paper

No. 1

No. 1

Carta™
MANUSCRIPT PAPER No. 1

No. 1

Carta
Manuscript Paper

No. 1

No. 1

Carta
Manuscript Paper
No. 1

No. 1

Carta
Manuscript Paper

No. 1

No. 1

Carta
Manuscript Paper

No. 1

Carta
Manuscript Paper
No. 1

No. 1

No. 1

Carta
Manuscript Paper

Carta
Manuscript Paper

Carta
Manuscript Paper
No. 1

No. 1

No. 1

No. 1

No. 1

No. 1

Carta
Manuscript Paper

No. 1

No. 1

No. 1

Carta
Manuscript Paper

No. 1

Carta
Manuscript Paper
No. 1

No. 1

No. 1

No. 1

No. 1

Carta
Manuscript Paper